Dedico este livro de luz a todos aqueles que abraçam com amor a tarefa de evangelizar e encaminhar crianças e adolescentes à luz do mestre Jesus, aos meus queridos amigos e colegas do iluminado Grupo Augusto Cezar Netto. Beijos de luzes e agradecimentos carregados de amor ao meu marido Beto, à minha querida mãe e às minhas amigas do coração, Ane e dona Yolanda, por sempre acreditarem em mim. Às luzes que Deus me confiou nesta vida: Clara e Lívia e, finalmente, agradeço ao querido e já iluminado Augusto por ter me presenteado com a sua confiança.

Danielle

Dedico a todos os meninos e meninas que levam a luz de Jesus ao coração das crianças e jovens! Ao Augusto, Antonio, Rafael, Fernando, Roger, Felipe, Guga, Beto, Machado, Mauricio e a minha menina de luz: Luiza! Dedico minhas cores e meu amor a todos educadores do Grupo Augusto Cezar Netto que levam a luz, a esperança, a alegria e o carinho deste mentor amoroso e iluminado, Augusto Cezar e do nosso Mestre Amado, Jesus!

Amar é unir!

Ane

ERA UMA VEZ UM MENINO,
MENINO LEVADO E TRAVESSO.
SEM QUERER, UM DIA PAROU E PENSOU
QUE EXISTEM VÁRIOS TESOUROS
NESTE PLANETA.
ESSES TESOUROS NÃO SÃO
AQUELES, GUARDADOS PELOS PIRATAS,
NEM OURO, BRONZE OU PRATA.
SÃO AQUELES QUE GUARDAMOS
DENTRO DE NÓS.
O MENINO SEGUIU POR UM CAMINHO
E VIU LÁ LONGE UM ARCO-ÍRIS
QUE NÃO TINHA FIM E PENSOU:

O QUE SERÁ QUE TEM NO FINAL
DO ARCO-ÍRIS?
SERÁ QUE LÁ TEM UM POTE LINDO
E DOURADO
COM UM TESOURO?

3

O MENINO PENSOU, PENSOU E TOMOU **CORAGEM** PARA SEGUIR O ARCO-ÍRIS. SENDO ASSIM, CAMINHOU E ENCONTROU LÁ NA FRENTE UM COELHO QUE LHE DISSE:

- AH! VOCÊ QUER CHEGAR AO FIM DO ARCO-ÍRIS, NÃO É? POIS TERÁ QUE DEIXAR ALGUMAS COISAS PARA TRÁS, E SÃO SETE. AO LONGO DO CAMINHO VERÁ, MAS NÃO SE PREOCUPE, POIS DEUS NÃO NOS ABANDONA NUNCA E NÃO LHE ABANDONARÁ. PENSE EM NOSSO QUERIDO AMIGO JESUS QUANDO SENTIR MEDO!

-MAS VOCÊ NÃO ME DISSE QUAIS SÃO AS COISAS QUE DEIXAREI PARA TRÁS.

- DISSE O MENINO AO COELHO.

ESTOU
A

- CALMA, PACIÊNCIA. VOU LHE DIZER QUE SEU ORGULHO NÃO PODE SEGUIR COM VOCÊ, PARA ALCANÇAR ESSE TESOURO. VOCÊ NÃO PODERÁ MAIS ACHAR QUE É MELHOR QUE OS OUTROS. VOCÊ VAI TER QUE DEIXAR O SEU ORGULHO, QUE É UM SENTIMENTO PESADO QUE NOS DEIXA NO FUNDO, MUITO INSEGUROS, SEM FÉ E SEM VONTADE DE NOS ACEITARMOS DO JEITO QUE SOMOS. POR ISSO, DEVE DEIXÁ-LO AQUI E LEVAR A HUMILDADE COM VOCÊ. ELA É UMA COMPANHEIRA VALOROSA E COM ELA VOCÊ FARÁ MUITOS AMIGOS PELO CAMINHO. VOCÊ ESTÁ PRONTO PARA DEIXAR O ORGULHO AQUI MESMO?

SIM, DISPOSTO LEVAR A HUMILDADE COMIGO!

E ASSIM SAIU O MENINO, FELIZ DA VIDA, POIS ENTENDEU QUE O ORGULHO SÓ LHE TRARIA DISSABORES NA CAMINHADA, NA CAÇA AO TESOURO.

NO CAMINHO ENCONTROU O JABUTI E PENSOU:

- QUE BICHO PREGUIÇOSO! ANDA DEVAGAR DEMAIS.

NÃO CONSIGO ESPERÁ-LO CHEGAR ATÉ AQUI.

E FOI FALAR COM O JABUTI:

- OLÁ SR. JABUTI.
ESTOU CAMINHANDO PARA
CHEGAR ATÉ O FINAL
DO ARCO-ÍRIS
E PEGAR O TESOURO.

-COMO VOCÊ JÁ SABE – RESPONDEU O JABUTI - – TERÁ QUE DEIXAR AQUI MAIS UMA "PEDRINHA" QUE ATRAPALHA O SEU CAMINHO. DEIXARÁ SUA ANSIEDADE COMIGO E LEVARÁ UM POUCO DA MINHA PACIÊNCIA.

COM ELA, VOCÊ CONSEGUIRÁ COMPREENDER LIÇÕES QUE A ANSIEDADE NÃO PODE LHE MOSTRAR. A PACIÊNCIA É MANSA! É COMPANHEIRA E NÃO O DEIXARÁ. ESTÁ DISPOSTO A LEVÁ-LA? - PERGUNTOU O JABUTI.

- SIM, É CLARO! NADA MELHOR QUE MAIS UMA COMPANHEIRA! E O MENINO SAIU MUITO FELIZ.

NÃO OLHOU PARA TRÁS E SEGUIU O SEU CORAÇÃO,
PROCURANDO OUVIR A SUA VOZ INTERIOR.
AGORA, COM A PACIÊNCIA, ELE CONSEGUIRIA OUVIR A SUA
VERDADE QUE, ANTES, A ANSIEDADE NÃO LHE DEIXAVA.
ANDOU MAIS UM POUCO E VIU UMA BIFURCAÇÃO.
ELE TERIA QUE USAR A SUA INTELIGÊNCIA AGORA
E DESCOBRIR QUAL SERIA O MELHOR CAMINHO!

TERIA QUE OPTAR POR QUAL DOS DOIS CAMINHOS SEGUIR.
UM DELES ERA BONITO E CHEIO DE FLORES,
COM O SOL RADIANTE E ALEGRE.
O OUTRO NÃO ERA NADA BONITO.
PELO CONTRÁRIO,
ERA SOMBRIO E FEIO.

CLARO QUE O MENINO ESCOLHEU
O CAMINHO BONITO.

SEGUINDO POR ESSE CAMINHO, VIU QUE UMA VELHA CORUJA DE ÓCULOS ESTAVA NUMA DAS BELAS ÁRVORES FRONDOSAS DAQUELE LUGAR. PAROU E PERGUNTOU:

- OLÁ DONA CORUJA, EU ESCOLHI ESTE CAMINHO POR SER O MAIS ALEGRE E BONITO, POIS ESTOU À PROCURA DO FIM DO ARCO-ÍRIS, A SENHORA PODERIA ME AJUDAR?

- ÓTIMA ESCOLHA, MAS FALE A VERDADE: VOCÊ VIU NA PLACA PEQUENININHA QUE ESTE ERA O CAMINHO DA ESPERANÇA, NÉ? – PERGUNTOU A CORUJA.

- DONA CORUJA, LÁ NÃO TINHA PLACA, NÃO. APENAS PERCEBI QUE ESTE SERIA O MELHOR CAMINHO. – RESPONDEU O MENINO.

- BOA ESCOLHA; APESAR DE SER O CAMINHO MAIOR, ELE É CHEIO DE ALEGRIAS E NOS ENCHE O CORAÇÃO DE AMOR, E O OUTRO CAMINHO É O DAS BELEZAS PASSAGEIRAS E DOS INFORTÚNIOS. NÃO SERIA NADA AGRADÁVEL ANDAR POR LÁ. SÃO CAMINHOS CHEIOS DE PEDRAS, ESPINHOS E MUROS MUITO ALTOS. O CAMINHO RETO PELO BEM É SEMPRE MELHOR; PELO OUTRO CAMINHO VOCÊ DARIA MAIS VOLTAS E NO MEIO DELE CHEGARIA À CONCLUSÃO QUE ESTE SERIA MELHOR. BOA ESCOLHA MEU MENINO!

- DONA CORUJA – FALOU O MENINO –, PROCURO O FINAL DO ARCO-ÍRIS, JÁ POSSUO A HUMILDADE E A PACIÊNCIA COMIGO, MAS SEI QUE FALTAM AINDA ALGUMAS ATITUDES QUE TEREI QUE DEIXAR PARA TRÁS.

- AH SIM! FALTAM MESMO – DISSE A DONA CORUJA DE ÓCULOS – MAS VOU LHE AJUDAR.

DONA CORUJA DE ÓCULOS ENTROU EM SUA CASA NA ÁRVORE E PEGOU UM LIVRO, POIS VIU QUE O MENINO DEVERIA LEVAR O CONHECIMENTO E A SABEDORIA COM ELE. DEVERIA LEVAR ALGO QUE O FIZESSE UM GRANDE HOMEM, UM HOMEM DE BEM, UM HOMEM VIRTUOSO E DEU O LIVRO A ELE DIZENDO:

- PRIMEIRO, VOCÊ DEVERÁ DEIXAR COMIGO A PREGUIÇA, AQUELA QUE DE VEZ EM QUANDO BATE À SUA PORTA. LEVE COM VOCÊ ESTE LIVRO QUE É DE GRANDE SABEDORIA. NELE EXISTEM AS REGRAS BÁSICAS TRA-ZIDAS POR JESUS CRISTO PARA QUE PUDÉSSEMOS VIVER EM AMOR E TRANQUILIDADE. ESTE LIVRO CHAMA-SE EVANGELHO.

- OBRIGADO, DONA CORUJA, DEIXAREI DE LADO A PREGUIÇA E LEVAREI COMIGO A **SABEDORIA**. COMEÇAREI A LÊ-LO O QUANTO ANTES E MUITO OBRIGADO – AGRADECEU O MENINO.

E ASSIM, CONTINUOU A CAMINHADA, LEVANDO AQUELE LIVRO ILUMINADO COM ELE.

O EVANGELH

O EVANGELHO DE JESUS

-JESUS, REALMENTE

O MENINO ANDOU MAIS UM POUCO E VIU UMA GRANDE MACIEIRA. ELE SENTIA FOME E RESOLVEU PARAR POR LÁ PARA COMER UM POUCO. COLHEU UMA MAÇÃ, SENTOU-SE, COMEU, ABRIU O LIVRO E LEU ALGUMAS PÁGINAS. ENTÃO, PENSOU:

VEIO NOS TRAZER AMOR , SUAS PALAVRAS SÃO DE MUITO ALENTO E ESPERANÇA.

ENQUANTO ISSO, UMA BORBOLETA BONITA POUSOU NO LIVRO DO MENINO E CUMPRIMENTOU-O: - OLÁ MENINO! O QUE FAZ AQUI?

- OLÁ, PROCURO O FINAL DO ARCO-ÍRIS. - RESPONDEU.

- NOSSA, QUE LEGAL! MAS POR QUÊ?

-OUVI DIZER QUE NO FINAL DO ARCO-ÍRIS EXISTE UM TESOURO, ENTENDE?

- ENTENDO SIM, MAS PARA ALCANÇÁ-LO, VOCÊ TERÁ QUE DEIXAR ALGUMAS ATITUDES OU SENTIMENTOS PARA TRAZ, ESTA É A REGRA, É A LEI.

- AH SIM! ISSO EU JÁ APRENDI E JÁ TRAGO TRÊS NOVAS ATITUDES COMIGO:

A HUMILDADE, A PACIÊNCIA E O ESTUDO.

- O SEU CAMINHO SERÁ MAIS FÁCIL ASSIM, MAS VOCÊ DEVERÁ DEIXAR TAMBÉM A SUA SOLIDÃO PARA TRAZ, O QUE VOCÊ ACHA?

- EU ACHO MUITO BOM, MAS COMO FAREI ISSO?

– ME LEVANDO COM VOCÊ, ORA! VOCÊ TOPA?

– SIM, É CLARO, BORBOLETA, MAS QUAL É O SEU NOME?

– MEU NOME É AMIZADE. NINGUÉM VIVE SEM AMIGOS PARA COMPARTILHAR AS ALEGRIAS E TAMBÉM OS DISSABORES DESTA CAMINHADA. SE LEVAR A AMIZADE PARA TODOS OS LUGARES, A CAMINHADA FICARÁ MAIS FÁCIL, ALEGRE E AS DIFICULDADES SERÃO MENOS PESADAS. O QUE VOCÊ ACHA? VAMOS SER AMIGOS?

– SIM, EU ANDAVA MEIO SOZINHO, MAS AGORA COM VOCÊ SERÁ MAIS LEGAL. VAMOS PODER CONVERSAR E TROCAR ALEGRIAS!

ASSIM, O MENINO E A BORBOLETA AMIZADE SEGUIRAM EM BUSCA DO TESOURO ESCONDIDO ATRÁS DO ARCO-ÍRIS.

NO CAMINHO A BORBOLETA E O MENINO CONVERSARAM BASTANTE. ELA CONTOU AO MENINO SOBRE A NATUREZA E A GRANDEZA DE DEUS. DISSE-LHE QUE TUDO TRABALHA, TUDO O QUE DEUS CRIOU TEM SUA FUNÇÃO, ATÉ AS COISAS QUE PENSAMOS NÃO SERVIREM PARA NADA, MAS TUDO ESTÁ EM SEU DEVIDO LUGAR.

O MENINO LHE CONTOU SOBRE A CIDADE, DE COMO É BOM MORAR LÁ TAMBÉM, E QUE OS HABITANTES DAS CIDADES FINALMENTE CONSEGUIRAM PERCEBER O QUANTO É IMPORTANTE CUIDAR DA NATUREZA; LÁ OS HOMENS APRENDERAM A CONSUMIR MENOS ÁGUA, ENERGIA E RECICLAM O LIXO, POIS PERCEBERAM QUE SE NÃO FIZESSEM ISSO, AS FACILIDADES QUE TÊM HOJE DE NADA ADIANTARIA DIANTE DO QUE PODERIA SER, SE NÃO CUIDASSEM DA NATUREZA. O MENINO ESTAVA FELIZ POR TER DEIXADO A SOLIDÃO PARA TRÁS.

ESTAVA ESCURECENDO E LOGO A LUA PRATEADA, COM SUAS AMIGAS ESTRELAS, IRIAM PINTAR E ENFEITAR O CÉU. O MENINO ADORAVA OLHAR AS ESTRELAS! ASSIM FEZ E DORMIU ADMIRANDO A NATUREZA.

O MENINO ACORDOU COM UNS BARULHINHOS E VIU UM MONTE DE MACACOS BRINCANDO NAS ÁRVORES. UM DELES VEIO CONVERSAR COM ELE:

- BOM DIA MENINO, ACORDAMOS VOCÊ?

- ACORDARAM SIM – FALOU O MENINO, ESFREGANDO OS OLHOS COMO QUEM ESTÁ ACABANDO DE ACORDAR - MAS O SOL JÁ SE LEVANTOU, NÃO É MESMO? JÁ ESTAVA MESMO NA HORA DE ACORDAR.

- É, JÁ ESTÁ NA HORA, VOCÊ QUER UMA BANANA? - PERGUNTOU O MACACO, PENDURADO PELO RABO NUM GALHO DE ÁRVORE.

- EU QUERO SIM, MUITO OBRIGADO.

A BORBOLETA AMIZADE CHEGOU E CUMPRIMENTOU O MACACO:

- OLÁ, MACACO DANADO!

- OLÁ, BORBOLETA AMIZADE!

O MACACO MUITO CURIOSO PERGUNTOU AO MENINO:

-O QUE VOCÊ ESTÁ FAZENDO AQUI NESTA ESTRADA?

-EU ESTOU À PROCURA DO TESOURO QUE ESTÁ GUARDADO NO FINAL DO ARCO-ÍRIS.

-SIM, VOU LHE MOSTRAR O CAMINHO, MAS ANTES TERÁ QUE DEIXAR UMAS COISINHAS AQUI COMIGO.

VOCÊ DEVERÁ DEIXAR AS MÁGOAS E AMARGURAS COMIGO E DEVERÁ LEVAR O PERDÃO.

O PERDÃ

É MUITO IMPORTANTE, ELE ALIVIA O CORAÇÃO

NOS DEIXA MAIS LEVES E É COMO SE

TIRÁSSEMOS EM CASA, A MOCHILA DAS COSTAS

QUANDO CHEGAMOS DA ESCOLA.

-PUXA, O PERDÃO É MUITO BOM! ACEITO A TROCA!

-MUITO BEM, SIGA SEMPRE POR ESTE CAMINHO RETO - APONTOU O MACACO

- O CAMINHO DO BEM NA ESTRADA DA ESPERANÇA.

O MENINO ABRAÇOU O MACACO, DESPEDIRAM-SE E SAÍRAM.

DEPOIS QUE O MENINO PERDOOU, SENTIU MESMO QUE DEIXAVA ALGO PESADO PARA TRÁS,

E SE LEMBROU DE ALGUNS AMIGOS QUE O TINHAM MAGOADO,

MAS NÃO SENTIU MAIS AQUELE APERTO EM SEU CORAÇÃO.

AGORA, O MENINO TINHA: A HUMILDADE, A PACIÊNCIA, A SABEDORIA, A AMIZADE E O PERDÃO. ESTAVA MAIS PERTO DO TESOURO!

SEGUIU PELO CAMINHO RETO, COMO O MACACO LHE RECOMENDOU. ELE E A BORBOLETA AMIZADE CONVERSAVAM ALEGREMENTE QUANDO OUVIRAM UM CHORO BEM BAIXINHO. PROCURARAM AQUI, PROCURARAM ALI E NUM ARBUSTO, BEM ESCONDIDINHO, ESTAVA UM FILHOTE DE TAMANDUÁ-BANDEIRA CHORANDO. FORAM FALAR COM ELE:

- AMIGUINHO, O QUE ACONTECEU? – PERGUNTOU O MENINO.

-EU ESTOU PERDIDO. PERDI-ME DE MINHA MÃEZINHA, ESTOU COM MEDO E, PARA PIORAR, TEM UM ESPINHO NA MINHA PATA TRASEIRA.

-CALMA TAMANDUÁ, COMO É O SEU NOME?

-MEU NOME É TATÁ.

-NÓS VAMOS LHE AJUDAR, TATÁ – DISSE O MENINO – VOU RETIRAR O ESPINHO DE SUA PATINHA E A AMIZADE VAI VOAR BEM ALTO E PROCURAR A SUA MÃEZINHA. NÃO CHORE MAIS.

-VOU TENTAR FICAR CALMO.

-JÁ ACHEI O ESPINHO QUE ESTÁ LHE CAUSANDO A DOR. SEJA CORAJOSO. VAI DOER UM POUQUINHO.

- VOU SER CORAJOSO – RESPONDEU TATÁ.

O MENINO RETIROU O ESPINHO E ACALMOU O BICHINHO EM SEU COLO. ENTÃO, OS DOIS
LOGO AVISTARAM A BORBOLETA VOLTANDO E NO MEIO DOS ARBUSTOS
UM RABO PELUDO DE TAMANDUÁ CORRENDO POR ENTRE ELES.

DONA TAMANDUÁ NÃO SE CONTINHA DE TANTA FELICIDADE
E AGRADECIDA FALOU AO MENINO: - HOJE, MENINO, VOCÊ APRENDEU A SOLIDARIEDADE
E VAI LEVÁ-LA COM VOCÊ. LEVE-A SEMPRE EM SEU CORAÇÃO! MAS DEIXE AQUI COMIGO
O SEU EGOÍSMO, QUE TANTO NOS ATRAPALHA A CAMINHADA.

- APRENDI SOZINHO, QUE BOM! - DISSE O MENINO, FELIZ.

- APRENDEU QUE DEVEMOS AJUDAR A TODOS QUE NOS APARECEM
PELA ESTRADA PRECISANDO DE NÓS. MUITO OBRIGADA, MENINO!

-DE NADA, MAS AGORA QUE ESTÁ TUDO RESOLVIDO, EU DEVO IR. VAMOS BORBOLETA?

-OBRIGADA A VOCÊ, TAMBÉM, BORBOLETA, POR TER NOS AJUDADO - FALOU
DONA TAMANDUÁ - COM OS OLHOS RASOS D'ÁGUA E ACENANDO.

E OS DOIS SEGUIRAM CAMINHANDO, MUITO FELIZES POR TEREM AJUDADO ALGUÉM.

MAIS À FRENTE O MENINO SE ASSUSTOU!

UMA COBRA ESTAVA PARADA NO MEIO DO CAMINHO. O MENINO FICOU APAVORADO, POIS SEMPRE OUVIU FALAR QUE AS COBRAS SÃO TRAIÇOEIRAS.

MAS A COBRA VEIO AO SEU ENCONTRO:

-BOM DIA, MENINO!

-AI, MEU DEUS, ME AJUDE, ESTOU COM MEDO! – DISSE O MENINO, BRANCO DE MEDO.

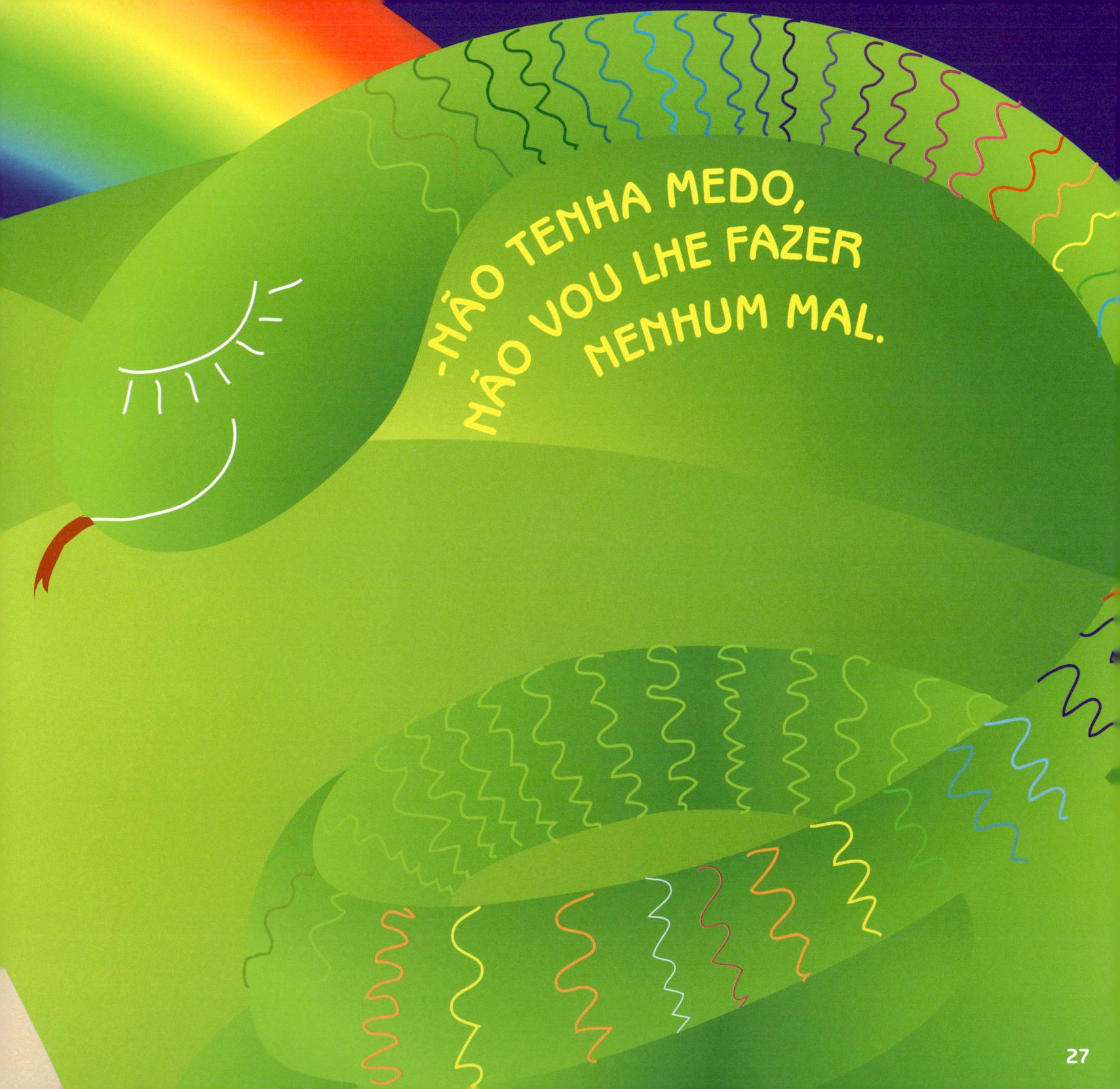

—NÃO TENHA MEDO, NÃO VOU LHE FAZER NENHUM MAL.

VOCÊ SABIA QUE AS COBRAS SÓ PICAM OS HUMANOS PARA SE DEFENDEREM? É O NOSSO INSTINTO.

SÓ PICAMOS SE NOS SENTIRMOS AMEAÇADAS, SE NÃO, PASSAMOS E SEGUIMOS NOSSO CAMINHO.

POR FALAR EM CAMINHO, PARA ONDE VOCÊ ESTÁ INDO? – PERGUNTOU A COBRA.

- UFA! ACHEI QUE A SENHORA IRIA ME PICAR! ESTOU INDO PEGAR O TESOURO QUE ESTÁ ESCONDIDO NO FINAL DO ARCO-ÍRIS! - RESPONDEU O MENINO, ALIVIADO.

- VOCÊ JÁ PERCORREU UM LONGO CAMINHO E JÁ APRENDEU MUITAS LIÇÕES, JÁ POSSUI ALGUMAS VIRTUDES E ATITUDES, E DEIXOU OUTRAS PARA TRÁS. ENTÃO, AGORA, VOCÊ DEVERÁ LEVAR ALGO QUE OS HOMENS ATÉ HOJE NÃO APRENDERAM. VOCÊ DEVERÁ LEVAR O AMOR A TODAS AS CRIATURAS DE DEUS, DEVERÁ DEIXAR COMIGO O SEU PRECONCEITO, O SEU DESCASO E A SUA INDIFERENÇA. O AMOR NÃO ANDA JUNTO COM ESTAS ATITUDES, O AMOR NÃO CONSEGUE RESPIRAR, NÃO CONSEGUE BATER NUM CORAÇÃO CHEIO DESSAS TRÊS. VOCÊ DEVE APRENDER A AMAR A TODOS SEM DISTINÇÃO E RESPEITÁ-LOS TAMBÉM! NÃO IMPORTA SE SÃO PESSOAS DIFERENTES DE VOCÊ. MESMO QUE NÃO AS CONHEÇA, DEVE TER RESPEITO POR TODAS ELAS. VOCÊ ACHOU QUE EU IRIA TE PICAR, NÃO ACHOU? VOCÊ ME ACHOU ASQUEROSA, NÃO É VERDADE? MAS EU SOU FILHA DE DEUS E TENHO UMA FUNÇÃO NA NATUREZA. SOU IMPORTANTE, TAMBÉM, E TALVEZ, MAL COMPREENDIDA.

- DESCULPE, DONA COBRA, A SENHORA ESTÁ COM A RAZÃO - FALOU O MENINO SEM GRAÇA.

-ENTÃO, LEVE O AMOR COM VOCÊ E AME A TODOS. RESPEITE TODOS OS FILHOS DE DEUS, NÃO IMPORTANDO SE SÃO HOMENS, BICHOS, PLANTAS OU PEDRAS. SOMOS TODOS IMPORTANTES E NÃO PASSAMOS PELO SEU CAMINHO POR ACASO!

- OBRIGADO, LEVAREI O AMOR COMIGO, SIM, E DEIXAREI O PRECONCEITO, O DESCASO E A INDIFERENÇA AQUI MESMO!

-SÓ ASSIM VOCÊ CONSEGUIRÁ CHEGAR AO FINAL DO ARCO-ÍRIS, MEU QUERIDO. É SÓ SEGUIR RETO! UM BEIJO.

-UM BEIJO E OBRIGADO.

O MENINO SAIU COM A BORBOLETA E MUITO AMOR NO CORAÇÃO.
SENTIA-SE CHEIO DE ENERGIA E PEGOU O LIVRO QUE
A DONA CORUJA DE ÓCULOS LHE DEU E LEU:

"AMAI UNS AOS OUTROS
COMO EU VOS AMEI".

O MENINO SORRIU, AVISTOU O FINAL DO ARCO-ÍRIS
E SAIU CORRENDO. CORREU MUITO RÁPIDO,
O MÁXIMO QUE PÔDE.
O MENINO ABRIU A ARCA DO TESOURO E DENTRO DELA
PARA A SUA SURPRESA TINHA UM ESPELHO
E UM BILHETE QUE DIZIA ASSIM:

"MENINO SABIDO, HOJE, VOCÊ É MELHOR
DO QUE FOI ONTEM E PROCURE SEMPRE SER.
ESTEJA CERTO QUE LEVANDO O QUE APRENDEU
NO CAMINHO RETO DO BEM, NUNCA
SERÁ MAIS O MESMO. OLHE PARA VOCÊ E VEJA
O QUANTO VOCÊ MUDOU POR FORA E POR DENTRO"

O MENINO SE SENTIU FELIZ E DESCOBRIU
QUE O TESOURO NÃO ERA DE PIRATA,
NEM OURO, BRONZE OU PRATA.
O TESOURO ERA O APRENDIZADO
E AS CONQUISTAS QUE GUARDOU NO CORAÇÃO
ENQUANTO ANDOU PELO CAMINHO RETO DO BEM.

Cole aqui sua foto.